DESCRIPTION
DU CATAFALQUE
ET DE LA POMPE FUNEBRE

POUR TRÈS-HAUTE, TRÈS-PUISSANTE, ET TRÈS-EXCELLENTE PRINCESSE

ELISABETH FARNEZE,

REINE D'ESPAGNE ET DES INDES;

Faits à Paris dans l'Église de Nôtre-Dame, le 27 Novembre 1766.

Cette Pompe Funébre ordonnée par M. le Duc D'AUMONT, Pair de France, Premier Gentilhomme de la Chambre du Roi en Exercice, a été conduite par M. PAPILLON DE LA FERTÉ, Intendant & Contrôleur Général de l'Argenterie, Menus-Plaisirs & Affaires de la Chambre de SA MAJESTÉ.

Sur les Desseins du Sieur MIC-ANG. CHALLE, *Peintre Ordinaire du Roi, & Dessinateur de sa Chambre & de son Cabinet.*

La Sculpture a été exécutée par le Sieur BOCCIARDI, Sculpteur des Menus-Plaisirs.

DE L'IMPRIMERIE

De P.-R. C. BALLARD, seul Imprimeur pour la Musique de la Chambre & Menus-Plaisirs du Roi, & seul Imprimeur de la grande Chapelle de Sa Majesté.

M. DCC. LXVI.

Par exprès Commandement de SA MAJESTÉ.

C. N. Cochin filius inv. et Sculp. 1760

DESCRIPTION DU CATAFALQUE *ET DE LA POMPE FUNEBRE* POUR TRÈS-HAUTE, TRÈS-PUISSANTE, ET TRÈS-EXCELLENTE PRINCESSE *ELISABETH FARNEZE*, REINE D'ESPAGNE ET DES INDES.

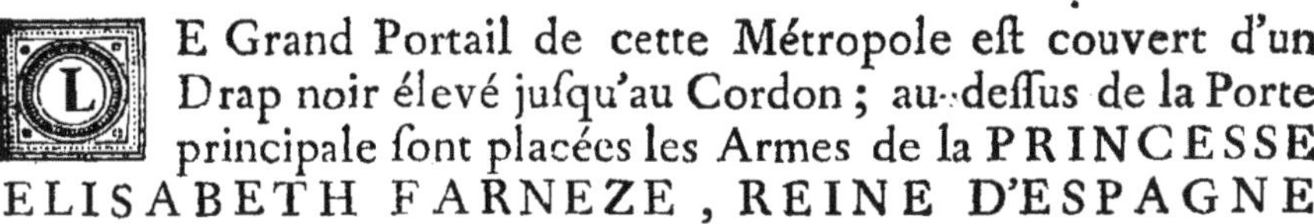

LE Grand Portail de cette Métropole est couvert d'un Drap noir élevé jusqu'au Cordon ; au-dessus de la Porte principale sont placées les Armes de la PRINCESSE ELISABETH FARNEZE, REINE D'ESPAGNE ET DES INDES ; le double Ecusson qui les assemble est surmonté d'une Couronne fermée, & entouré d'un Cordon de Veuve Tissu en Argent ; un Grouppe de Lyons les accompagne & soutient sur des Nuages le Cartel d'Or qui les renferme. Ces Armes sont placées sous un Monument de Marbre blanc veiné, couronnées d'un Amortissement sur lequel est une Urne de Lapis-Lazuli que des Génies célestes couvrent en pleurant, de Guirlandes de Cyprès.

Sur les Portes Latérales de riches Cartels en Or, entourés de Rameaux Funébres présentent sur un Fond de Lapis les Lettres initiales de la REINE ELISABETH FARNEZE; ses Chiffres & ses Armes sont répétés alternativement sur trois Litres de Velours noir qui traversent cette grande Tenture aux deux extrémités & vers le milieu.

Un Drap noir tendu dans la Nef s'éleve jusqu'à la Voûte ; des Cartouches en Or, surmontés de Têtes de Mort voilées, soutenus & suspendus à des Rameaux de Cyprès, présentent au milieu des Parties Latérales les Armes de la REINE D'ESPAGNE ; ses Chiffres en Or sur un Fond d'Azur les accompagnent à chacun des côtés ; leurs Cartels portent au bas de leurs Ornemens des Girandoles pareillement en Or chargées d'un grand nombre de Lumières.

Trois Lez de Velours, sur lesquels sont distribués ainsi que sur les précédents, les Armes & Chiffres, terminent le haut & le bas de cette Tenture & la coupent au milieu.

La Porte du Chœur placée au fond de la Nef, se présente en face de la principale Entrée de ce Temple ; elle est formée d'un Solide de Marbre gris veiné, soutenu par des Colonnes isolées de Vert Campant portées sur de grands Socles ; l'Architecture de cette Porte est d'Ordre Dorique, son Entablement est surmonté d'un Fronton garni de ses Mutules ; un Acrotère s'éleve sur le nud du Solide jusqu'à son extrémité, & sert de Baze à un grand & magnifique Cartouche en Or ſoutenu par un Grouppe de Lyons pareillement en Or, qui préſente dans ſon milieu ſous une Couronne Royale les Armes des Maiſons d'Eſpagne & de Farneze; des Guirlandes formées de Branches de Cyprès s'entrelacent dans ces Ornements auxquels elles paroiſſent ſuſpendues ainſi qu'aux Chiffres de la REINE placés aux deux côtés, dont les Cartels portent chacun des Girandoles qui s'uniſſent aux Grouppes de Lumières élevés ſur l'extrémité du Fronton.

DES Arbres de feu poſés ſur des Dez dans les Entre-Colonnes ſe répétent de l'autre côté.

ON lit dans la Friſe de cette Porte ſur un fond de Marbre vert ces paroles de Jéremie.

DEFECIT GAUDIUM CORDIS NOSTRI: VERSUS EST IN LUCTUM CHORUS NOSTER. Ora. Jer. c. v.

LE Catafalque eſt le premier objet qui ſe préſente à l'Entrée du Chœur, ſon Plan eſt formé par un Quarré long coupé à chacun de ſes Angles, dans leſquels ſont placés des Piédeſtaux de Porphire vert de la Haute Egypte; ils ſont terminés dans le bas par une Pleinte de Marbre port-or: ſur chacune des Faces extérieures de ces Stilobates ſont gravés en Lettres d'Or ces paſſages des Saintes Ecritures.

SUR le premier en entrant dans le Chœur, à la droite de l'Autel, on lit:

SURREXERUNT FILII EJUS ET BEATISSIMAM PRÆDICAVERUNT, VIR EJUS ET LAUDAVIT EAM. Prov. Cap. 31.

Sur le ſecond qui eſt du même côté.

OS SUUM APERUIT SAPIENTIÆ, ET LEX CLEMENTIÆ IN LINGUA EJUS. Prov. Cap. 31.

Ces paroles ſont écrites ſur le troiſiéme en face de l'Autel.

TIMOR DOMINI FONS VITÆ, UT DECLINET A RUINA MORTIS. Prov. Cap. 31.

Et ſur le quatriéme.

MANUM SUAM APERUIT INOPI, ET PALMAS SUAS EXTENDIT AD PAUPEREM. Prov. Cap. 31.

Ces Piédeſtaux élevent à la hauteur de l'Eſtrade des Bazes de Colonnes de l'Ordre Toſcan, dont les Tores ſont taillés en feuilles de chêne à la maniere Antique; des parties de Colonnes tronquées poſées ſur ces Bazes, portent des Grouppes d'Enfans plus grands que le naturel: ces enfans ſoutiennent des Platines dont le deſſous eſt orné de Feuilles d'Eau & de Feuilles d'Acante, & qui ſont terminées par des Pommes de Pin: ces Grouppes en Or élevent des Girandoles qui ſervent de Bazes à des Cônes produits par une double Spirale faite de branches de Cyprès, leſquels forment aux Angles du Catafalque de grandes Pyramides de Lumières.

Six Degrés de Granit Rouge des Montagnes d'Egypte élevent l'Eſtrade ſur laquelle eſt placée la Repréſentation, à la hauteur d'un Socle ou Soubaſſement de Vert de Canope; deux Piédeſtaux circulaires, ornés de Cannelures torſes & de Rinſeaux en Or, portent aux deux bouts du Piédeſtal du Sarcophage des

Figures dont la grandeur eſt un peu au deſſus du naturel : leurs Attributs ſont en Or ; la premiere, qui s'offre à l'Entrée du Chœur, repréſente l'Eſpagne couronnée de Cyprès, la plus grande douleur eſt exprimée par ſon attitude, ſes yeux ſont baignés de Larmes, elle eſt appuyée ſur ſon Ecuſſon. Au côté opposé un Globe préſente la partie des Indes & du Nouveau Monde ſoumiſe à ſa Puiſſance, avec des Attributs qui caractériſent les Peuples de ces Contrées.

En face de l'Autel l'Italie éplorée porte ſa main gauche ſur un Temple ; cet heureux Symbole qui la caractériſe, marque le centre de la vraie Religion, dont la REINE a toujours été pénétrée ; cette Figure gémit ſur la perte du dernier Rejetton des FARNEZE, à ſon côté l'Ecuſſon des Armes de cette Auguſte Maiſon paroît abandonné. Vis-à-vis des Stalles, ſur les parties du Soubaſſement, des Lyons en relief de la grandeur ordinaire à ces animaux, accompagnent les Armes d'Eſpagne, dont ils ſont les ſupports : ces Grouppes ſont en Bronze, ainſi que les Cartels, dont l'extrémité ſoutient une Couronne fermée accompagnée de Branches de Cyprès.

Au-dessus de ce Socle un grand Piédeſtal de Brocatelle & d'Ametiſte porte dans ces Encadrements, aux côtés latéraux, deux Bas-reliefs de Marbre blanc ; celui qui ſe préſente au côté de l'Evangile, offre deux Vertus Cardinales, la Justice & la Prudence : ces Figures de grandeur naturelle ſont portées par des Nuées ſur un fond de Gloire. La premiere tient de la main droite le Glaive des Roys ; l'autre eſt poſée ſur le Livre des Loix ſoutenu par la Prudence, qui eſt caractériſée par un Miroir & un Serpent qu'elle tient de la main gauche.

Le ſecond préſente l'Image des Vertus Théologales, la Foi & l'Espérance : la Tête de la premiere eſt couverte d'un Voile, elle ſe proſterne devant un Calice, au-deſſus duquel s'éleve une Hoſtie Lumineuſe. L'Espérance aſſiſe ſur ſon Ancre, portée ſur des Nuages étend ſes bras vers le Ciel.

Un Amortiſſement termine ce Piédeſtal & porte un Degré de Jaſpe Sanguin, ſur lequel poſent quatre Griffes de Lyon, ſoutenant deux Conſoles qui enveloppent une Urne de Lapis-Lazuli : tous les Ornements qui accompagnent ce Sarcophage ſont en relief & en Or.

Le Poile Royal de Brocard eſt étendu ſur l'Aétique qui couvre le Tombeau ; il eſt coupé d'une Croix d'Etoffe d'Argent, & chargé de quatre Ecuſſons en broderie aux Armes de la REINE ; le Manteau des Rois d'Eſpagne & des Indes eſt déployé deſſus ; un riche Carreau porte leur Couronne couverte d'un Crêpe de Deüil.

Sur les ſix Degrés qui entourent ce Monument, ſont rangés plus de deux cents Chandeliers d'Argent chargés de Lumières portant le double Ecuſſon des Armes de la REINE ELISABETH FARNEZE.

Un grand & magnifique Pavillon, ſuſpendu au milieu de la Voûte, s'éleve & couvre le Mauſolée ; le deſſus fait en Coupole eſt couvert d'Hermine & de Drap noir parſemé de Fleurs-de-Lys d'Or ; de riches Bordures ſoutiennent des Feſtons, dont les Retrouſſis en Hermine en forment les Pentes ; leurs Angles ſont ornés de grandes Aigrettes attachées ſur des Têtes de Morts aîlées : le deſſous de ce Pavillon rempli d'un Velours noir, porte quatre Armes de la REINE en broderie ; une Croix d'Etoffe d'Argent le coupe par le milieu ; des Rideaux partagés en Bandes d'Hermine & de Drap noir, enrichis de Larmes d'Argent & de Fleurs-de-Lys travaillées en Or ſortent des Pentes de ce riche Pavillon, & ſont ſuſpendus & retrouſſés par des Cordons.

Des Pilaſtres d'Ordre Ionique décorênt l'Enceinte du Chœur ; quinze Arcades les ſéparent, & découvrent de profondes Galeries tendues de noir, dans leſquelles ſont des Gradins élevés en

Amphitéâtres qui vont se rejoindre au Jubé placé sur la Porte d'Entrée.

Le fond de cette Architecture est de Marbre gris veiné, ses Pilastres, ses Frises & ses Compartiments de Vert des Pyrenées; tous ses Ornements, Bazes, Chapiteaux & Moulures sont en Or, ainsi que de Grandes Fleurs-de-Lys en relief placées dans la Frise au'dessus des Pilastres. Sur ces mêmes Pilastres des Gaines de Brêche-Violette, enrichies de Guirlandes de Laurier & de Cannelures en Or, portent des Girandoles garnies d'un grand nombre de Lumières.

Les Archivoltes des Arcades ont chacune sur leur Clef un Cartouche en Or & en relief, portant une Tête de Mort coëffée d'un Voile d'Argent : ces tristes Ornements sont couronnés d'un Cercle de Lumière.

Une Attique de Brêche-Violette ornée de Moulures dorées regne autour du Chœur, sur l'Entablement de l'Ordre Ionique sa Corniche est brisée, & forme huit Frontons séparés par des Parties Droites; chacun de ses Pilastres porte un Vase d'Or entouré de Cyprès ; le fond de ses Compartiments est tendu de noir encadré d'une large Bande d'Hermine.

Sur ce grand Entablement, au-dessus du vuide des Arcades, des Cadres de Marbre vert sous une Corniche circulaire, renferment des Cartouches en Or, dont les milieux portent les Armes de la REINE D'ESPAGNE; sa Couronne les couvre, & le Cordon de Veuve les entoure. Des Lyons dans des attitudes variées, sont grouppés au bas de l'Amortissement.

Des Chiffres couronnés dans un Encadrement du même Marbre, placés sur un Ecusson d'Azur entre deux Branches de Cyprès, sont alternativement répétés, entre les Armes de la REINE, sur cette Corniche. Les Arrieres-Corps du Sanctuaire renferment dans des Cadres en Ornements ; des Bas-relief d'Or ſur un fond de Lapis ; ils repréſentent pluſieurs des Vertus qui firent admirer la REINE D'ESPAGNE pendant le cours de ſa vie.

LA SAGESSE ET LA PIÉTÉ,

SONT aux côtés de l'Autel, diſtinguées par leurs Symboles. Aux deux Angles oppoſés ſont placées,

LA CLÉMENCE ET LA CHARITÉ.

Au-deſſus du Jubé, dans de ſemblables Cartels,

LA MAGNIFICENCE ET LA LIBÉRALITÉ.

Des Ecuſſons d'Or aux Armes de France portent au-deſſous des Branches chargées de Lumières.

TROIS Lez de Velours noir, parſemés de Larmes d'Argent & de Fleurs de-Lys d'Or, terminent aux deux extrémités cette Décoration Funèbre ; le troiſième eſt placé dans la Friſe de l'Entablement Ionique : ils ſont ornés de Médaillons ſuſpendus à une Guirlande d'Hermine, portant des parties détachées des Armes D'ESPAGNE & celles de FARNEZE.

LE premier Lez de Velours ſert de couronnement au Platfond des Stalles, ſous un Cordon de Lumières portées par des Treffles & des Fleurs-de-Lys en Or. Le ſecond ſe produit par des Branches ſaillantes ſur la Friſe de la grande Corniche, & eſt partagé par des Girandoles au-deſſus des Pilaſtres. Le troiſiéme Cordon de Lumières eſt poſé ſur les Frontons de l'Attique.

DES Rideaux d'Hermine & de Drap noir ſuſpendus ſous les Alettes des Arcades, ſont retrouſſés, & forment des nœuds attachés ſous les Impoſtes par des Cordons ornés de Glands d'Or.

Une Baluſtrade de Marbre gris veiné, faite en entre-laz de Bronze doré, ferme le bas des Arcades, & ſe termine au Jubé contre un Acrotère qui ſert de couronnement à la Porte du Chœur.

Le Sanctuaire eſt ſéparé par une Baluſtrade élevé ſur trois Degrés, dont les Moulures & Baluſtres ſont de Bronze doré; ſes Acrotères portent des Girandoles en Or qui produiſent aux deux côtés de grandes Maſſes de Lumières.

Le Soubaſſement qui entoure l'Autel eſt de Brêche-Violette; des Tables de Marbre vert encadrées de Moulures d'Or, ſervent de fond à des Ecuſſons aux Armes de France, ſoutenues par des Guirlandes de Laurier.

L'Autel s'éleve ſur trois Marches; un Velours noir coupé d'une Croix d'Étoffe d'Argent accompagnée des Armes de France en broderie en fait le Parement. Des Gradins ornés de Bâtons briſés portent le Rétable, dont le fond eſt de Vert Antique, parſemé de Fleurs-de-Lys en relief.

Une grande Niche s'éleve au-deſſus, dont l'Archivolte eſt portée par la Corniche Ionique; ſon milieu eſt rempli d'une Gloire de Marbre blanc, entourée de Chérubins; un Crucifix en Argent eſt placé au milieu, élevé ſur un Socle de Marbre vert, accompagné d'un nombre de Chandeliers d'Argent rangés ſur les Gradins, portant à leurs Lumières les Armes de la REINE.

Un Dais élevé au-deſſus de l'Autel, ſurmonté de riches Aigrettes, porte dans ſes pentes bordées de Franges & de Galons d'Argent, les Armes en broderie, D'ESPAGNE & de FARNEZE; de grands Rideaux noirs pendent aux deux côtés, ils ſont doublés d'Hermine, & le deſſus orné de Larmes d'Argent, & retrouſſés par des Nœuds attachés à des Têtes de Lyon placées entre les Pilaſtres.

La Chaire du Prédicateur eſt au côté de l'Évangile, près d'une des Portes Latérales ; elle eſt couverte de Velours noir garni de Galons d'Argent & des Armes de France.

La Vignette du Frontiſpice, repréſente l'Italie & l'Eſpagne abandonnées à leur douleur.

La premiere Planche qui ſuit cette Deſcription, repréſente l'Élévation Géométrale du Catafalque, vis-à-vis la Porte d'Entrée.

La ſeconde, un des côtés Latéraux.

Le Plan Géométral eſt ſur la troiſiéme.

FIN.

M. C. Chales inv. Martinet Sculp.

Elévation Géométrale.

Plan.

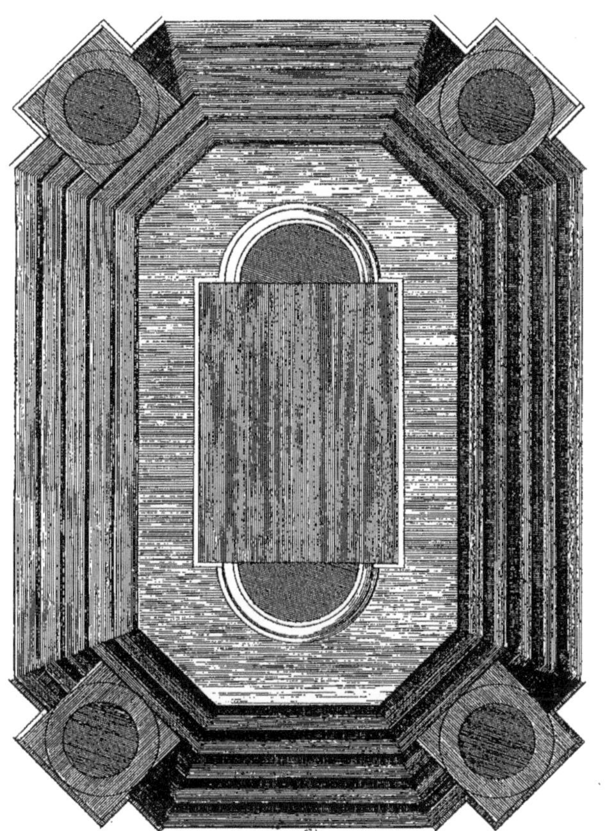

M. C. Challes inv. Martinet Sculp.

Echelle de 4 Toises.

Elévation Géometrale et Latérale.

Coupe Latérale.

Plan du Plafond.

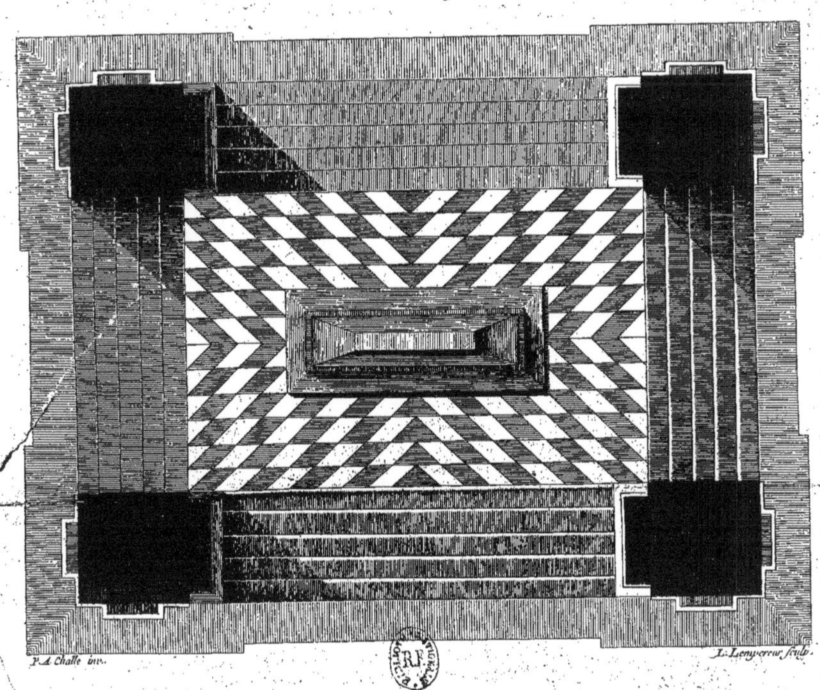

P. A. Challe inv.　　L. Lempereur sculp.

Plan du Soubassement.

www.ingramcontent.com/pod-product-compliance
Ingram Content Group UK Ltd.
Pitfield, Milton Keynes, MK11 3LW, UK
UKHW021028220726
13924UKWH00001B/191